MARTIN LUTHER KING

La lucha contra la segregación

Por Camille David
Traducido por Laura Bernal Martín

MARTIN LUTHER KING

- **¿Nacimiento?** El 15 de enero de 1929 en Atlanta (Estados Unidos).
- **¿Fallecimiento?** El 4 de abril de 1968 en Memphis (Estados Unidos).
- **¿Principal aportación?** Su papel en la emancipación de los afroamericanos y la toma de conciencia del problema racial en los Estados Unidos.

El 4 de noviembre del 2008, los Estados Unidos abren una página importante e inédita en su historia: Barack Obama (nacido en 1961) es elegido presidente de los Estados Unidos, convirtiéndose así en el primer afroamericano en acceder a la suprema investidura. Se ha recorrido un largo camino, desde la época en la que blancos y negros estaban separados en los autobuses, y en la que el Ku Klux Klan militaba por la supremacía de la «nación blanca». Esta victoria, que nace del combate llevado a cabo desde principios del siglo XX para obtener derechos civiles e igualdad racial, se la debemos principalmente a Martin Luther King.

Pastor en una iglesia en Montgomery (Alabama), Martin Luther King se sitúa a la cabeza de un movimiento que quiere luchar contra todas las formas de segregación racial practicadas en los Estados Unidos desde finales del siglo XIX. Es un orador talentoso que logra reunir a las masas alrededor de un discurso que preconiza la lucha contra las injusticias de manera pacifista. Filósofo de la no violencia, desempeña un papel esencial en la toma de conciencia del problema racial en los Estados Unidos y en la emancipación de los afroamericanos. Está presente en todos los frentes, y recibe el Premio Nobel de la Paz en 1964 por su lucha a favor de los discriminados. A pesar de sus numerosas victorias, sus fracasos muestran que todavía queda mucho camino que recorrer en materia de igualdad.

Como toda figura emblemática, Martin Luther King tiene enemigos. Aunque su muerte prematura en 1968 conmueve a la opinión internacional y provoca disturbios en muchas ciudades americanas, también supone el nacimiento de un mito en torno a su figura, que le convierte en uno de los personajes más emblemáticos de la historia del siglo XX.

BIOGRAFÍA

Retrato de Martin Luther King por Betsy Graves Reyneau.

UNA FAMILIA DE PASTORES

Martin Luther King, cuyo verdadero nombre es Michael Luther King Junior, nace el 15 de enero de 1929 en Atlanta (Georgia) y es el menor de tres hermanos de una familia perteneciente a la clase media acomodada. Su padre, Martin Luther King Senior (1899-1984), oficia desde 1932 como pastor en la iglesia bautista Ebenezer (Atlanta), donde su madre, Alberta Williams (1904-1974) es organista. La familia King, que vive en un barrio negro acomodado, le ofrece a sus hijos, además de un buen entorno cultural, una educación sólida basada en la moral evangélica.

Tras saltarse dos años de instituto, Martin Luther King entra con 15 años en la Morehouse College (Atlanta), una universidad reservada a jóvenes negros, y obtiene en 1948 el *Bachelor of Arts and Sociology*. Aunque al principio no le atrae demasiado la religión, acaba optando por una carrera religiosa —una decisión que desataría la risa entre sus amigos más próximos, que no se creían la noticia. Pero la vocación pastoral existe en la familia de los King. Así, Martin comienza a estudiar teología en el Crozer Theological Seminary (Pensilvania), licenciándose en 1951.

Los estudios habrían transformado al joven King en un estudiante asiduo y trabajador que quería igualar o incluso superar a sus condiscípulos blancos. Su pensamiento se ve influido por diversas lecturas, desde Gandhi (predicador nacional y religioso de la India, 1869-1948) hasta teólogos estadounidenses protestantes, como Reinhold Niebhur (1892-1971) o Walter Rauschenbusch (1861-1918). Del primero se queda con la doctrina de la no violencia: según Gandhi, el pacifismo es una lucha del amor contra el mal, y es mejor sufrir la violencia del otro que infligírsela. Los otros dos pensadores le llevan a reflexionar sobre el papel de la Iglesia en el establecimiento de la justicia social y a llegar a la conclusión de que es necesario aplicar los principios cristianos a los problemas sociales. Entonces, King decide estudiar un doctorado de teología en la universidad de Boston y, en 1955, presenta una tesis sobre la relación del hombre con Dios. Entretanto, se casa en 1953 con la pedagoga y cantante Coretta Scott (1927-2006) y tienen cuatro hijos: Yolanda (1955-2007), Martin Luther King III (nacido en 1957), Dexter Scott (nacido en 1961) y Bernice (nacida en 1963).

SU ACCIÓN POR LA LUCHA NO VIOLENTA

Aunque sus orígenes burgueses le libraran de la pobreza, Martin Luther King sabe qué es la discriminación y no puede dejar de interesarse por la suerte de los negros en una época en la que la segregación racial tiene fuerza de ley en los estados del sur de los Estados Unidos.

Se convierte en pastor en 1954 y trabaja en una parroquia en Montgomery. Lidera un boicot de autobuses generalizado en la ciudad durante más de un año (1955-1956), iniciado tras la detención de Rosa Parks (1913-2005), a la que arrestaron por negarse a ceder su asiento a un pasajero blanco. La decisión de los tribunales federales de declarar ilegal la segregación en los transportes es la primera victoria de una larga lucha.

Al año siguiente, el pastor funda una asociación cristiana encargada de coordinar las acciones del clero del sur y que milita por la igualdad racial: la Conferencia Sur de Liderazgo Cristiano. Considerado como el portavoz de la comunidad negra, King es cada vez más popular y aparece en todos los frentes, desde el movimiento de estudiantes en Albany hasta las manifestaciones de Birmingham, sin olvidarnos de sus conferencias en numerosos países. Su objetivo es enseñarle a todos la segregación racial existente en numerosos estados y luchar pacíficamente para acabar con ella. Pronunciará su discurso más famoso ante una multitud de 250 000 personas en Washington, en agosto de 1963. El «*I have a dream*» («Tengo un sueño») se convierte en un verdadero himno a la solidaridad entre todas las comunidades, independientemente de su color de piel.

Martin Luther King durante una manifestación en agosto

de 1963.

El año siguiente King alcanza la cima de su gloria: no solo el presidente estadounidense en funciones, Lyndon Johnson (1908-1973), aprueba la *Civil Rights Act*, una ley que condena la discriminación por raza, color, religión, sexo o nacionalidad, sino que King recibe ese mismo año el Premio Nobel de la Paz por su acción no violenta a favor de los derechos civiles.

Pero todavía queda mucho trabajo por hacer en materia de igualdad racial, tanto que el discurso pacifista de King se ve poco a poco superado por ideas más radicales y violentas que crecen en las comunidades afroamericanas de los estados del norte, más pobres. Mientras estallan disturbios en varios guetos, que hacen que el movimiento por los derechos civiles pierda el apoyo de los liberales blancos, su postura sobre la guerra de Vietnam (1954-1975), poco favorable, le aísla todavía más. De paso por Memphis (Tennessee) para apoyar a los basureros negros en huelga, Martin Luther King es asesinado el 4 de abril de 1968 en el balcón de su hotel por un militante segregacionista, James Earl Ray (1928-1998). Esta muerte prematura participa en la creación de un mito en torno a la figura de Martin Luther King, que se convierte en el símbolo de una lucha que nunca habrá caído en la violencia.

CONTEXTO

LOS ORÍGENES DE LA SEGREGACIÓN: «IGUALES PERO SEPARADOS»

Regidos por la primera constitución de tipo liberal del mundo, los Estados Unidos desarrollan desde su Declaración de la Independencia (1776) una imagen de «tierra de libertad». Sin embargo, esto no impide que la joven nación practique una política de segregación racial entre finales del siglo XVIII y mediados del siglo XX. De hecho, la situación de los afroamericanos, relegados muy a menudo a la esclavitud, es objeto de numerosos debates desde la redacción de la Constitución de 1787. Aunque se llega a un acuerdo provisional, la divergencia de opiniones entre los estados del Norte y los del Sur persiste en lo relativo a la abolición de la esclavitud, lo que incluso llega a provocar una guerra civil, la Guerra de Secesión (1861-1865). Gana la Unión que agrupa a los estados del Norte, antiesclavistas, y se añaden varias enmiendas a la Constitución a lo largo de los años para otorgarle más libertades a la comunidad negra:

- la Enmienda XIII establece la abolición de la esclavitud y se añade en 1865;
- la Enmienda XIV, de 1868, que otorga a todos los nacidos en suelo estadounidense el estatus de ciudadano, así como los derechos que resultan de dicho estatus;
- la Enmienda XV, que concede a partir de 1870 el derecho de voto a todo ciudadano estadounidense, independientemente de su color de piel.

Poco después de que se adopten estas leyes, las élites blancas de los estados del Sur, entre las que se encuentran grandes propietarios de tierras, industriales y hombres de negocios, se alían para luchar contra estas enmiendas y para eliminar a los negros de la esfera política, practicando y legalizando una forma de segregación. Aparecen estratagemas que quieren anular los poderes civiles de los negros estadunidenses en los 13 estados del Sur: los Códigos Negros (*Black Codes*), un conjunto de leyes que quieren limitar los derechos fundamentales de los negros, las leyes de Jim Crow, que imponen una segregación en los espacios públicos a pesar de que la ley reconozca la igualdad, y también la creación del Ku Klux Klan, una organización protestante que predica la supremacía blanca.

LA ESFERA DE INFLUENCIA DE LAS LEYES DE JIM CROW

En Alabama, las leyes afectan sobre todo a los hospitales y a los transportes públicos:

- «Ninguna persona o corporación exigirá que una enfermera blanca trabaje en hospitales, sean públicos o privados, en los cuales haya negros».
- «Los conductores de trenes de pasajeros deben indicarle a cada pasajero el vagón o el compartimento que le corresponde según su color».

En Florida, se refieren al matrimonio:

- «Se prohíbe cualquier matrimonio entre una persona blanca y una negra, o entre una persona blanca y otra de ascendencia negra hasta la cuarta generación».

En Misisipi, la segregación llega incluso a las cárceles:

- «El vigilante se asegurará de que los convictos blancos puedan dormir y comer en lugares separados de los convictos negros».

Aunque estas leyes discriminatorias exceden evidentemente las enmiendas de la Constitución que afirman la igualdad racial de todos los ciudadanos estadounidenses, la segregación se practica y se generaliza en muchos estados del Sur, y esto sin suscitar la menor reacción por parte del Estado federal.

Entre 1890 y 1917, se instaura una separación social entre blancos y negros en los transportes y en los espacios públicos: hospitales, escuelas, restaurantes, tiendas, bares, piscinas, cines e incluso en los baños o en los ascensores.

A esto le sigue una exclusión política. A pesar de la Enmienda XV, se ponen en marcha estrategias que pretenden limitar el derecho de voto de los negros, como la instauración —sobre todo en Virginia y en Carolina del Sur— de una prueba de alfabetización extremadamente exigente, o incluso el establecimiento de un impuesto o un derecho de propiedad inmobiliaria para autorizar el derecho de voto —condición que la comunidad negra difícilmente podía cumplir en vista de la segregación reinante en términos de alojamiento y empleo. Además, si una persona negra lograra superar todas estas etapas, a menudo era amenazada por grupúsculos de extrema derecha, como el Ku Klux Klan.

El Ku Klux Klan

El Ku Klux Klan (KKK) es una organización conservadora y xenófoba que preconiza de manera sistemática la supremacía de la «raza» blanca por encima de las otras «razas». Nace en 1865 tras la derrota de las tropas confederales sudistas contra la Unión, lo que pone fin a la Guerra de Secesión. El grupo se crea para oponerse, a menudo con violencia, a las leyes recientes que otorgan a los negros derechos equivalentes a los de los blancos. Pero el asesinato de un senador en pleno tribunal, en 1870, hace que el Estado federal se decida a aprobar una ley en 1871 que elimine el KKK, para prohibirlo oficialmente en 1877.

El Ku Klux Klan renace en 1915, presentándose en esta ocasión como una asociación legal y cultural cuyo objetivo es defender los valores considerados como fundamentales de la «nación blanca» estadounidense. Ocultos bajo una capucha blanca puntiaguda y esgrimiendo una cruz en llamas, los miembros del grupo inician una verdadera caza de brujas contra los negros, los judíos, los católicos, etc. Pero la violencia que ejercen les hace perder cualquier apoyo político, y el segundo Ku Klux Klan desaparece en 1944.

Son muchas las personas que intentan crear un tercer grupo tras la Segunda Guerra Mundial (1940-1945), pero no cosechan un éxito comparable al de los dos primeros. Sin embargo, la actividad del organismo volverá a aumentar en los años cincuenta y sesenta en forma de grupúsculos asociados a otros movimientos de extrema derecha estadounidenses. Originarán numerosos linchamientos, asesinatos y otros actos violentos contra los líderes negros y blancos partidarios de los movimientos de derechos civiles.

Esta separación entre la población blanca y la negra tiene como consecuencia la creación de dos sociedades que evolucionan en paralelo y que están separadas la una de la otra por un muro de desconfianza, odio y violencia. A partir de 1890, los linchamientos contra afroamericanos se multiplican, y la situación no se resuelve lo más mínimo cuando, en 1896, es validada por la Corte Suprema federal a través de un fallo que legaliza la segregación bajo la siguiente idea: «separados pero iguales». Bajo el velo de una supuesta igualdad, en los Estados Unidos aparece un verdadero *apartheid*. Aunque aparece sobre todo en los estados del Sur, el Norte acaba por seguir la misma tendencia. De hecho, desde principios del siglo XX se forman guetos poblados únicamente por negros, como Harlem en Nueva York, ya que la gente acomodada no quiere mezclarse con la población trabajadora negra que comienza a llegar del Sur.

AVANCES EN LA DEFENSA DE LOS DERECHOS CIVILES

Esta situación no deja indiferente a la comunidad negra que, tanto por el odio y el rechazo del otro como por la reivindicación de su diferencia, elige luchar.

- En el año 1909 se crea la NAACP (National Association for the Advencement of Colored People, «asociación nacional para el progreso de las personas de color») que es una de las organizaciones estadounidenses de defensa de los derechos civiles más antiguas y más influyentes. Es la base de numerosas manifestaciones y acciones de los años cincuenta y sesenta. De hecho, el padre de Martin Luther King habría dirigido una de sus ramas locales.

- En 1941, el presidente Franklin D. Roosevelt (1882-1945) establece una comisión encargada de luchar contra la discriminación racial en la contratación. Un año más tarde nace el CORE (Congress for Racial Equality). Aunque lucha contra la desigualdad, centra sobre todo su atención en las discriminaciones relacionadas con las leyes Jim Crow.

- En 1948, el presidente Harry S. Truman (1884-1972) impone la integración racial en el ejército estadounidense, en el que hasta entonces —y sobre todo durante la Segunda Guerra Mundial— existía una fuerte segregación racial.

- Por último, el año 1954 marca un importante punto de inflexión en la lucha por los derechos civiles: la Corte Suprema de los Estados Unidos decreta que la segregación en la educación va en contra de la Constitución. Encarga a los tribunales de primera instancia que se aseguren de que se aplique esta nueva ley lo más rápido posible. Se trata de un acontecimiento importante, que abre una brecha en el muro construido por los segregacionistas, pero su aplicación está lejos de estar a la orden del día. Aunque sienta jurisprudencia, la decisión no es ejecutoria, además de que es difícil acabar con la resistencia de los gobernadores del Sur.

Así, los años cincuenta y sesenta están marcados por un tipo de segregación racial impuesta en muchos ámbitos. A pesar de la existencia de un arsenal jurídico que condena estas prácticas, algunos Estados —especialmente los del Sur— continúan aceptando y justificando estas medidas discriminatorias, respondiendo a menudo a las reivindicaciones de igualdad con violencia. El punto culminante de esta tensión entre las dos comunidades se alcanza en 1955, tras la muerte del pastor activista George W. Lee (1903-1955) y del militante por los derechos civiles Lamar Smith (1892-1955), así como de un joven adolescente de 14 años, Emmett Till. Así pues, Martin Luther King interviene en un contexto de odio y violencia con la voluntad de cambiar las cosas, pero utilizando una filosofía muy especial.

MOMENTOS CLAVE

EL BOICOT EN MONTGOMERY: EL INICIO DE UNA LUCHA

Diplomado en teología, Martin Luther King se convierte en 1954 en el pastor de la parroquia de Dexter en Montgomery, capital de Alabama, una ciudad en la que aproximadamente la mitad de los habitantes son negros.

Retrato de Rosa Parks.

El 1 de diciembre de 1955, Rosa Parks, una trabajadora negra de 42 años, está sentada en la zona reservada a las personas de color en un autobús de la ciudad. Cuando este se llena cada vez más, Parks se niega a cederle su sitio a un pasajero blanco, tal y como señalan las leyes segregacionistas. El conductor le amenaza con llamar a la policía: «¡Hágalo!», habría respondido ella. La policía interroga a Parks y la detiene por violar la legislación en vigor en el Estado. Este episodio suscita la conmoción de la comunidad afroamericana. Los militantes por la igualdad racial convocan en una reunión a todos los miembros influyentes de la comunidad negra de Montgomery (pastores, abogados, médicos, sindicalistas). Esa misma tarde se crea una asociación (Montogomery Improvement Association), cuyo liderazgo se le confía a Martin Luther King. Esta decide coordinar el conjunto de las iniciativas que toma la comunidad afroamericana para defender sus derechos, siendo la primera un boicot a la compañía de autobuses en cuestión. A partir del día siguiente, las calles se llenan de personas que deciden ir al trabajo utilizando otros medios, como la bicicleta, o a pie. A pesar de los intentos de intimidación contra King y su familia (arrestos, multas e incluso un atentado en su domicilio) el boicot dura 382 días. En noviembre de 1956 se reconoce su victoria cuando la Corte Suprema de los Estados Unidos declara que las leyes que imponen la segregación racial en el transporte público son anticonstitucionales.

LA CONFERENCIA SUR DE LIDERAZGO CRISTIANO

Respaldado por esta primera victoria, King funda en 1957

la Conferencia Sur de Liderazgo Cristiano (SCLC del inglés Southern Christian Leadership Conference), una organización que reagrupa al clero del Sur y que le servirá de plataforma de expresión a nivel nacional. La organización quiere luchar de manera no violenta a favor de los derechos civiles de los negros y, gracias a la acción de King, se convierte enseguida en un verdadero movimiento de masas. El pastor extiende poco a poco su campo de acción organizando conferencias y pronunciando unos 208 discursos por todo el país para debatir cuestiones raciales, así como para apoyar a dirigentes de otras asociaciones.

Discurso de Martin Luther King el 28 de agosto de 1963.

EL FRACASO EN ALBANY (1961-1962)

En 1961 y 1962, en Albany, tienen lugar manifestaciones, boicots de algunos establecimientos y la ocupación de lugares públicos para luchar contra la segregación. Pero todos estos esfuerzos caen en saco roto, y los participantes son detenidos sistemáticamente sin violencia y puestos en libertad poco después. Martin Luther King decide entonces acudir al lugar para aconsejar y ayudar a progresar en la aplicación de sus reivindicaciones a los miembros del Comité Coordinador Estudiantil No Violento (SNCC del inglés Student Nonviolent Coordinating Committee) y de la Asociación Nacional para el Progreso de las Personas de Color (National Association for the Advancement of Colored People). Es detenido en varias ocasiones y, aunque se niega a pagar las multas si la ciudad sigue sin hacer concesiones, no obtiene ningún resultado tangible en primera instancia.

Detención de Martin Luther King durante una manifestación pacífica.

El movimiento acaba debilitándose poco a poco debido a las divisiones entre los radicales, que quieren enfrentarse a la policía, y los moderados, animados por el principio de no violencia. Pero el principal error de los manifestantes es haber protestado contra la segregación como un todo en lugar de concentrarse en una institución o en un objetivo concreto. Con todo, la protesta local continuará tras la marcha de King, aunque su mediatización será menor. Finaliza en 1963, cuando los manifestantes logran la abolición de las leyes segregacionistas.

LA VICTORIA EN BIRMINGHAM (1963)

En 1963, la ciudad de Birmingham es el escenario de una importante campaña en la que participa Martin Luther King.

La ciudad, apodada «Bombingham» debido al elevado número de atentados sin resolver (50) que hubo entre 1945 y 1962, es una de las más activas en materia de segregación racial. El nivel de vida medio de un negro es inferior —se reduce casi a la mitad— que el de un blanco: los salarios por un mismo puesto son diferentes según el color de piel del empleado, y los puestos de trabajo más importantes y prestigiosos están reservados a la población blanca. Al no obtener ninguna concesión por parte del alcalde, el pastor Fred Shuttlesworth (1922-2011), activista en materia de derechos civiles y objetivo del Ku Klux Klan, le pide ayuda a Martin Luther King.

La primera acción llevada a cabo se inicia en las fiestas de Pascua de 1963, y se traduce en un boicot a las empresas y tiendas que practican la discriminación racial. Aunque los comercios parecen resistir, Martin Luther King crea un proyecto —la «campaña de Birmingham»— que consiste en una serie de actos no violentos (manifestaciones, sentadas en restaurantes, tiendas y bibliotecas) cuyo objetivo es impulsar a que las autoridades locales cometan actos de represión violentos ante los medios de comunicación para que el Gobierno legisle en contra de la segregación. Así, una manifestación en la que se congregaban hombres, mujeres y niños es reprimida con cañones de agua, gases lacrimógenos y perros de ataque. Por otra parte, Martin Luther King y 3000 manifestantes son detenidos el 12 de abril de 1963, y desde su celda escribe la célebre *Carta de Birmingham*, un manifiesto del movimiento de derechos civiles en el que resume su lucha por la igualdad racial, que le hará ganarse el apoyo del presidente John F. Kennedy (1917-1963). Una semana más tarde, Martin Luther King es puesto en libertad.

LAS SENTADAS

La acción de Martin Luther King inspira un nuevo movimiento, iniciado en 1960 por cuatro estudiantes en Greensboro (Carolina del Norte): las sentadas. Son manifestaciones que consisten en sentarse en un sitio y no moverse para llamar la atención sobre una situación injusta. Así, los estudiantes se sientan a leer libros escolares en la barra de un bar hasta que cierra, y eso a pesar de la desaprobación de los blancos. La idea se propaga rápidamente en muchas ciudades, y se organizan sentadas en playas, iglesias o tiendas reservadas a los blancos.

Toda esta violencia policial suscita la indignación de la opinión internacional. Debido a la presión a la que está sometido, el alcalde acaba dimitiendo y la Corte Suprema prohíbe el reglamento segregacionista el 20 de mayo de 1963. En junio de 1963, el presidente Kennedy anuncia en un discurso televisado la creación de una nueva legislación sobre las leyes cívicas para prohibir cualquier tipo de segregación. El Ku Klux Klan no lo acepta y, el 15 de septiembre de 1963, el grupo dirige un atentado en el que asesina a cuatro niñas negras.

LA MARCHA DE WASHINGTON (1963)

Cuando la campaña de Birmingham apenas acaba de terminar, Martin Luther King ya está en otros frentes. Acompañado de otras grandes figuras de la defensa de los derechos civiles, decide organizar el 28 de agosto de 1963 una marcha en Washington. Quiere presentar las reivindicaciones de los negros y mostrar la popularidad del movimiento para presionar a la parte del Congreso que se muestra reticente a votar a favor de la ley de derechos civiles. Pero la organización de la marcha, así como sus objetivos, siguen dividiendo a los militantes en moderados y radicales. Estos últimos están convencidos de que el movimiento no presenta la verdadera situación de los afroamericanos y, en vista de las disensiones, muchos de ellos se aproximan al predicador musulmán afroamericano Malcom X (1925-1965), que señala a la filosofía de la no violencia como la responsable de la lentitud de los progresos logrados en materia de igualdad racial.

La marcha sobre Washington.

A pesar de todo, la marcha es un éxito: se reúnen unas 250 000 personas, tanto negras como blancas, para pedir la igualdad absoluta de todos ante la ley. A finales de la tarde, a los pies del Lincoln Memorial, Martin Luther King pronuncia su discurso más célebre, el conocido como «*I have a dream*», en el que expresa su deseo de poder vivir en un país que un día aceptará la igualdad de todos en materia de justicia y de paz. Aunque este clamoroso discurso no acaba con la discriminación ni con la pobreza, y tampoco evitará que los guetos se subleven violentamente algunos años después, convierte la marcha en un evento histórico, recordando que el color de piel no debe ser un obstáculo. El discurso de King, que se hace eco del discurso de abolición de la esclavitud pronunciado un siglo antes por Abraham Lincoln (1809-1865) en el campo de batalla de Gettysburg, se considera hoy en día uno de los mejores discursos de la historia de los Estados Unidos, y tendrá un efecto considerable en la opinión pública de la época.

EL PORTAVOZ DE LOS NEGROS (1964)

Las manifestaciones continúan y las fotografías de la violencia cometida por los segregacionistas dan la vuelta al mundo. Por ejemplo, vemos a los contrarios al movimiento echar ácido clorhídrico en una piscina reservada a blancos y en la que los negros se bañan en señal de protesta en Saint Augustine (Florida). El movimiento de simpatía que se produce a continuación favorece la adopción, el 2 de julio de 1964, de la *Civil Rights Act*, una serie de leyes que condenan la discriminación. Se trata de una inmensa victoria para Martin Luther King que, ese mismo año, recibe el Premio Nobel de la Paz por su lucha no violenta contra la discriminación.

Los líderes de la Civil Rights con el presidente John F. Kennedy. Fotografía tomada en 1963.

Martin Luther King, el hombre del año

En marzo de 1957, Martin Luther King acude a Ghana para la celebración oficial de la independencia del país, y se reúne con su primer ministro, Kwame Nkrumah (1909-1972), que también reivindica la herencia pacífica de Gandhi. En una época en la que los Estados Unidos todavía no saben cómo posicionarse respecto a las naciones recién emancipadas, Martin Luther King desarrolla una diplomacia personal. Viaja a la India en 1959, se reúne con los miembros de la familia de Gandhi, y se pronuncia oficialmente en relación con la situación de *apartheid* que vive Sudáfrica.

Tras ser elegido en 1963 «*Man of the Year*» por la revista *Times*, Martin Luther King recibe el Premio Nobel el 14 de julio de 1964. A sus 35 años, es la persona más joven en recibir este premio y se convierte en una figura internacional. En septiembre de 1964, es invitado a Berlín por el presidente del Partido Socialdemócrata alemán, Willy Brandt (1913-1992), y después lo recibe en audiencia el papa Pablo VI (1897-1978).

Respaldado por su popularidad y por sus triunfos, Martin Luther King continúa con su lucha sumándose de nuevo en diciembre de 1964 al SNCC, que pelea desde hace meses en Selma (Alabama) por lograr que se registren a potenciales candidatos negros en las listas electorales de la ciudad. De hecho, solo el 1% de la población negra está inscrita en estas listas, mientras que la mitad de los habitantes de la ciudad son afroamericanos. Cuando las manifestaciones se dirigen a la capital del estado (Montogomery) para reivindicar sus derechos, son detenidos por una multitud de oponentes y les hacen retroceder golpeándolos con porras y atacándolos con gases lacrimógenos. Este episodio, que pasa a la posteridad bajo el nombre de «*Bloody Sunday*» («domingo sangriento»), proporciona imágenes de violencia que vuelven a dar la vuelta al mundo y que refuerzan el apoyo de la opinión internacional a la causa del movimiento pacifista.

A continuación, el 25 de marzo de 1965, se organiza una segunda marcha hacia Montgomery, en la que participa Martin Luther King. Pero ese día, un militante blanco a favor de los derechos civiles, Viola Liuzzo (1925-1965) es asesinado por el Ku Klux Klan. Lyndon B. Johnson condenará por televisión el asesinato, y exigirá la rápida detención de los culpables. El 6 de agosto de 1965, el Congreso de los Estados Unidos firma la *Voting Rights Act*, una ley que suprime todas las restricciones relativas al derecho de voto de los negros.

Aunque los hechos habían transcurrido hasta entonces en los estados del Sur, Martin Luther King decide ampliar el campo de acción de su combate a las ciudades del Norte, en las que la población negra cuenta con un índice de pobreza superior al del Sur. Acude a Chicago y decide instalarse en los suburbios con otro militante de la clase media, Ralph Abernaty (1926-1990) para mostrar su apoyo a los más desfavorecidos. En colaboración con otros movimientos por los derechos civiles, organizan pruebas en agencias inmobiliarias para desvelar las prácticas discriminatorias de las empresas de alojamiento, que basan su selección no en los ingresos financieros o en la situación social del potencial adquisidor, sino en su color de piel. Se organiza una marcha pacífica, pero las reacciones en las ciudades del Norte son más violentas que en las del Sur, y se cancelan muchos eventos por miedo a revivir un nuevo *Bloody Sunday*. Por otra parte, las condiciones de vida en los suburbios son muy duras para la mujer y los hijos de King, lo que les fuerza a volver a casa y continuar desde allí su lucha. Los boicots siguen sucediéndose y las reivindicaciones acaban desembocando en los años setenta en un programa de igualdad de oportunidades para encontrar alojamiento.

UNA INFLUENCIA EN DECLIVE

A lo largo de su vida, Martin Luther King no solo hace amigos: sufre detenciones, atentados en su domicilio e incluso amenazas de muerte. Sin embargo, aunque su popularidad a ojos de la opinión internacional siempre le sirve de escudo, su aura comienza a desvanecerse poco a poco. Ya en 1965 es criticado por los métodos que utiliza, considerados demasiado pacifistas. Pero esta filosofía no violenta se cuestiona sobre todo en el norte de los Estados Unidos, donde la comunidad negra vive en condiciones más difíciles, lo que suscita la formación de movimientos más radicales, como el Black Power, que se burla del enfoque paciente y respetable de la clase media a la que la familia King pertenece. En sus discursos, muestran a Martin Luther King como un «burgués moralista», un «tío Tom», manipulado y dirigido por el poder blanco.

Poco a poco ganan terreno ideas más radicales y violentas, como las del orador Malcom X. Como los cambios llegan con demasiada lentitud, estallan motines en el distrito de Watts de Los Ángeles, lo que hace que la causa del pastor pierda el apoyo de las élites blancas. Y lo que es más, King se opone públicamente a la guerra de Vietnam en una asamblea por la paz en 1967, atacando directamente a la actitud militarista de los Estados Unidos. Además, insiste en la necesidad de llevar a cabo profundos cambios en el país para acabar con las guerras, y milita también a favor de la distribución de recursos para evitar las injusticias sociales. Poco a poco, su discurso se tiñe de un socialismo democrático que sus enemigos políticos asocian con ideas comunistas. A partir de ahora, lucha por combatir la pobreza, independientemente del color de piel. Para defender esta causa organiza una nueva marcha con la voluntad de unir a una multitud multirracial en Washington.

UN ASESINATO QUE OCASIONA DISTURBIOS

A finales de 1968, Martin Luther King acude a Memphis antes de ir a Washington a manifestarse contra la pobreza y mostrar su apoyo a los basureros negros que se manifestaban desde hacía dos semanas para obtener las mismas condiciones de trabajo y el mismo salario que los blancos. El 4 de abril de 1968, cuando se encuentra en el balcón de su hotel, resuenan varios disparos: Martin Luther King es herido de bala en la garganta. Sus amigos le llevan al hospital Saint-Joseph, pero una hora más tarde se comunica su fallecimiento. Al parecer, ha sido asesinado por un segregacionista blanco, James Earl Ray, sentenciado el 10 de marzo de 1969 a 99 años de prisión. El anuncio de su muerte suscita una inmensa tristeza y provoca, asimismo, disturbios en los guetos de más de 100 ciudades. El presidente Johnson decreta un día de luto nacional: es el primero dedicado a un afroamericano. El día de su funeral, unas 300 000 personas asisten a la ceremonia en Memphis.

UNA MISTERIOSA MUERTE

James Earl Ray, el principal sospechoso, es detenido en Londres dos meses después del asesinato de King. El crimen del que se le acusa puede costarle la pena de muerte, por lo que su abogado le convence para que se declare culpable. Así, se enfrenta a 99 años de cárcel. Sin embargo, desde el momento de su arresto surgen dudas en cuanto a su culpabilidad o al hecho de que actuara o no solo, y más aún cuando afirma que es inocente hasta su muerte, en 1998. De hecho, ¿cómo explicar el hecho de que se retractara después de su arresto, afirmando que el procurador le había obligado a declararse culpable? ¿Cómo habría podido, sin la ayuda de nadie, fugarse con documentación canadiense falsa a Londres? ¿Cómo explicar que los análisis de balística no hayan confirmado con seguridad el vínculo entre las balas y el fusil del sospechoso? Son muchos los fallos en la acusación que llevan a que los más cercanos a King apunten a la existencia de un complot que implica o bien a una de las grandes instancias del Estado, o bien a un grupo de extremistas blancos segregacionistas. No olvidemos que, en la época, King tiene numerosos de-tractores tanto entre la población blanca que se niega a que se establezca una sociedad igualitaria, como entre una parte de la comunidad negra, más radical, que le reprocha la lentitud de los progresos logrados y las muchas concesiones que hace al poder blanco. Hoy en día, su muerte sigue siendo un misterio.

Algunos años más tarde, Martin Luther King recibe a título póstumo la Medalla Presidencial de la Libertad, otorgada por el presidente Jimmy Carter (nacido en 1924) en 1977, el Premio de Derechos Humanos de las Naciones Unidas en 1978 y la Medalla de Oro del Congreso en 2004.

REPERCUSIONES

CONSECUENCIAS POLÍTICAS Y LEGISLATIVAS

Los resultados de los actos de Martin Luther King se manifiestan sobre todo en el plano legislativo. A partir de los años sesenta, la comunidad negra puede recurrir a un arsenal de textos federales, llamadas leyes cívicas, para luchar contra una segregación que ahora es ilegal en los Estados Unidos. Entre las victorias atribuidas al movimiento de derechos civiles gracias a Martin Luther King se encuentran:

- la *Civil Rights Act*. Votado por el Congreso de los Estados Unidos el 2 de julio de 1964, este cconjunto de leyes declara ilegal la discriminación por raza, color, religión, sexo o nacionalidad, y abole las leyes de Jim Crow, instauradas en algunos estados del Sur tras la Guerra de Secesión. Más tarde se añadirá una enmienda y la protección se ampliará a todo el mundo. Aunque la primera *Civil Rights Act* que ve la luz en 1957 no logra dar su fruto, la de 1964 permite lograr importantes avances y acabar con la discriminación organizada. Sin embargo, sigue sin arreglar la cuestión del acceso de los afroamericanos a los centros de votación;
- la *Voting Rights Act*. Votada por el Congreso el 6 de agosto de 1965, el texto reafirma el derecho de voto de los afroamericanos a pesar de que ya se les había concedido en 1870 a través de la Enmienda XV. Esta ley quiere garantizar el derecho de voto, el derecho de ser representado políticamente y la libertad de elegir al representante de su elección, suprimiendo las cuestiones de raza o de color

y garantizando a millones de personas su acceso a las listas electorales. Thurgood Marshall (1908-1993) se convierte así en 1967 en el primer juez negro en entrar en la Corte Suprema. Pero habrá que esperar hasta 1984 para que un candidato negro, el pastor Jesse Jackson (nacido en 1941), se presente a una elección presidencial.

- La sección 5 de la ley ha sido objeto de muchos debates y es cuestionada regularmente por los republicanos. Desde 1969, obliga a las jurisdicciones locales a obtener el consentimiento del ministerio de Justicia antes de cambiar cualquier proceso electoral y a demostrar que el cambio en cuestión no va en detrimento del poder político de una minoría étnico-racial. Esta cláusula fue suprimida el 25 de junio de 2013, lo que permite que hoy en día las autoridades locales puedan definir sus propias reglas en lo relativo al acceso al voto de su población. Algunos estados, como Texas, instauraron enseguida nuevas reglas que han sido juzgadas como potencialmente discriminatorias contra sus minorías. Esta supresión ha sido censurada tanto por los defensores de los derechos civiles como por el bando demócrata;

- la *Affirmative Action*. Se trata de una ley de discriminación positiva de 1965 que le otorga un trato preferencial a las minorías en la atribución de contratos públicos, de empleos o de plazas en la universidad. Esta discriminación positiva, que se cuestiona a partir de finales de los años setenta, fue suprimida en varias universidades entre 1990 y 2003, antes de ser prohibida por la Corte Suprema en junio de 2007. Como consecuencia, el origen étnico deja de ser un elemento positivo en la examinación de un expediente de ingreso a una universidad estadounidense.

Aunque la discriminación racial tiende a disminuir en los años subsiguientes al asesinato de Martin Luther King, las desigualdades persisten. Así, la pobreza afecta en los años noventa al 11% de los blancos, al 28% de los hispanos y al 31% de los negros. Además, la violencia que estalla en 1992 en Los Ángeles y en la que se ven implicadas diversas comunidades raciales muestra los límites de la política de integración.

CONSECUENCIAS CULTURALES

Pero además de sus victorias políticas y legislativas, Martin Luther King también es el símbolo de la defensa de los ideales. En un país afectado a mitad del siglo XX por el odio, la injusticia y la desigualdad, King es la palanca que permite que la comunidad negra se levante, que logra sacarla a la calle para emprender una lucha justa, demostrándole al mundo entero que la no violencia activa puede lograr buenos resultados. Su discurso llega hasta la India y África, donde sus reivindicaciones humanistas conmueven profundamente a los pueblos oprimidos.

Con su asesinato en 1968, el mundo entero llora la pérdida de un hombre que, desde los primeros años de sus actos, se suma a una lucha que se inscribe en una lógica universal. De hecho, sus reivindicaciones son contemporáneas al acceso de muchos países africanos y asiáticos a la independencia. Sin embargo, para el pastor, los términos «segregación» y «colonialismo» son casi sinónimos. Aunque después de su muerte, los disturbios y las escenas de violencia que se suceden en los Estados Unidos llevan a pensar se ha olvidado el mensaje pacifista de King, su filosofía persiste en los países del tercer mundo. Una de las figuras que mejor encarna su herencia es Nelson Mandela (1918-2013), hombre de Estado sudafricano que militó pacíficamente por la abolición del *apartheid* en Sudáfrica.

EN RESUMEN

- Martin Luther King nace el 15 de enero de 1929 en Atlanta.
- En 1948 entra en el seminario de teología de Crozer y obtiene su título en 1951, antes de presentar su tesis de doctorado en 1955 en la universidad de Boston.
- Al mismo tiempo, es nombrado pastor en la comunidad de Montgomery en 1954.
- Al año siguiente, se le confía la presidencia de la Montgomery Improvement Association tras el arresto de

Rosa Parks, y se encarga de organizar la cooperación de los negros durante el boicot a la compañía de autobuses.

- En 1957 y con la ayuda de otros pastores, crea la Conferencia Sur de Liderazgo Cristiano, una asociación que se encarga de coordinar las acciones del clero en el sur y que preconiza la acción no violenta para acabar con la segregación.
- En 1963, se organiza una marcha en Washington en la que Martin Luther King pronuncia su célebre discurso «*I have a dream*» ante 250 000 personas.
- El año 1964 marca el momento culminante del éxito del pastor estadounidense. El 2 de julio se adopta la *Civil Rights Act*, que prohíbe todo tipo de discriminación. Ese mismo año, recibe el Premio Nobel de la Paz por su acción no violenta a favor de la causa negra.
- El 4 de abril de 1968, cuando está en Memphis para apoyar a los basureros negros en huelga, es asesinado en el balcón de su hotel. El 9 de abril de 1968, casi 300 000 personas acuden a su funeral.
- Su supuesto asesino, James Earl Ray, es detenido poco después de los hechos, pero se declara inocente. Se enfrenta a una pena de 99 años de prisión y muere en 1998 sin que la cuestión quedara resuelta. Hoy en día, seguimos ignorando la identidad del asesino.
- Martin Luther King se ha convertido en el símbolo de la lucha por un ideal y, gracias a su trabajo, los afroamericanos han logrado decisivos avances políticos.

¡Tu opinión nos interesa!
¡Deja un comentario en la página web de tu librería en línea,
y comparte tus favoritos en las redes sociales!

PARA IR MÁS ALLÁ

FUENTES BIBLIOGRÁFICAS

- Berstein, Serge y Pierre Milza. 1996. *Histoire du xxᵉ siècle. Le monde entre guerre et paix. 1945-1973*, tomo 2. París: Hatier.
- Casalis, Didier. 1976. *Histoire des États-Unis*. París: Larousse, colección *Encyclopoche*.
- Folhen, Claude. 1967. *Les Noirs aux États-Unis*. París: PUF, colección *Que sais-je?*.
- Folhen, Claude y Daniel Sabbagh. "Noirs américains", en *Encyclopaedia Universalis*. Consultado el 2 de noviembre de 2014. http://www.universalis.fr/encyclopedie/noirs-americains/
- "Ku Klux Klan", en *Larousse.fr*. Consultado el 2 de noviembre de 2014. http://www.larousse.fr/encyclopedie/divers/Ku_Klux_Klan/128145
- Lewis, David. 2008. "King (Martin Luther)", en *Encyclopaedia Universalis*, tomo 13, 866-869. París.
- "Martin Luther King, un rêve américain". *L'Histoire*, n.º 329, 34-57, 2008.
- "Martin Luther King". *Nobel Prize*. Consultado el 2 de noviembre de 2014. http://www.nobelprize.org/nobel_prizes/peace/laureates/1964/king-bio.html
- Mouelle Makolle, William y Laura Wojcik. 2013. "Voting Rights Act: mort d'une loi historique pour l'égalité raciale?". *Le Journal International*. 1 de julio.

FUENTES COMPLEMENTARIAS

- Carson, Clayborne. 2000. *Martin Luther King. Autobiographie*. París: Bayard.
- Combesque, Marie-Agnès. 2004. *Martin Luther King Jr. Un homme et son rêve*. París: Le Félin.
- Cone, James. 2002. *Malcolm X et Martin Luther King, même cause, même combat*. Ginebra: Labor et Fides.
- Fayer, Steve y Henry Hampton. 1990. *Voices of Freedom. An oral History of the Civil Rights Movement.* Nueva York: Bantam Books.
- Foix, Alain. 2012. *Martin Luther King*. París: Folio.
- "La question noire: une tragédie américaine". 1996. *L'Histoire*, n.º 197, 20-43. Marzo.
- "Martin Luther King, 1929-1968". París: Librio-Le Monde 2.
- "Noirs et Blancs. Apartheid, ségrégation, discrimination". *L'Histoire*, n.º 309, febrero de 2006, 20-43.
- Oates, Stephen. 1985. *Martin Luther King*. París: Le Centurion.
- Scott King, Coretta. 1969. *Ma vie avec Martin Luther King, Jr*. París: Stock.

FUENTES ICONOGRÁFICAS

- Retrato de Martin Luther King por Betsy Graves Reyneau. © National Archives and Records Administration, College Park.
- Martin Luther King durante una manifestación en agosto de 1963. © National Archives and Records Administration, College Park.

- Retrato de Rosa Parks. La imagen reproducida está libre de derechos.
- Discurso de Martin Luther King el 28 de agosto de 1963. La imagen reproducida está libre de derechos.
- Detención de Martin Luther King durante una manifestación pacífica. © Associated Press.
- La marcha sobre Washington. La imagen reproducida está libre de derechos.
- Los líderes de la *Civil Rights* con el presidente John F. Kennedy. Fotografía tomada en 1963. La imagen reproducida está libre de derechos.

EDIFICIOS CONMEMORATIVOS

- Iglesia bautista de Dexter Avenue en Montgomery, convertida en monumento nacional en recuerdo a Martin Luther King, Estados Unidos.
- Martin Luther King National Historic Site, en Atlanta, Estados Unidos.
- National Civil Rights Museum, en Memphis, Estados Unidos.

¡APRENDER
NUNCA ANTES FUE
TAN RÁPIDO!

www.en50minutos.es